U0495299

怪诞行为学 ⁶

非凡的决定

[美] 丹·艾瑞里（Dan Ariely） 著

[美] 马特·R.特劳尔 （Matt R. Trower） 绘

徐娟 译

AMAZING
DECISIONS

The
Illustrated Guide
to
Improving
Business Deals
and
Family Meals

中信出版集团 · 北京

图书在版编目（CIP）数据

怪诞行为学 . 6，非凡的决定 /（美）丹·艾瑞里著；
（美）马特·R.特劳尔绘图；徐娟译 . -- 北京：中信出
版社，2019.11
书名原文：Amazing Decisions
ISBN 978-7-5217-1198-1

I. ①怪⋯　II. ①丹⋯ ②马⋯ ③徐⋯　III. ①行为经
济学—通俗读物　IV. ① F069.9-49

中国版本图书馆 CIP 数据核字（2019）第 236890 号

Amazing Decisions by Dan Ariely and Matt Trower
Text and Illustrations Copyright © 2019 by The Center for Advanced Hindsight
Simplified Chinese translation rights © 2019 by CITIC Press Corporation.
Published by arrangement with author c/o Levine Greenberg Rostan Literary Agency
Through Bardon-Chinese Media Agency
All rights reserved.

本书仅限中国大陆地区发行销售

怪诞行为学 6：非凡的决定

著　者：[美]丹·艾瑞里
绘　图：[美]马特·R.特劳尔
译　者：徐娟
出版发行：中信出版集团股份有限公司
　　　　　（北京市朝阳区惠新东街甲 4 号富盛大厦 2 座　邮编　100029）
承 印 者：北京通州皇家印刷厂

开　　本：880mm×1230mm　1/32　　印　张：6.5　　字　数：100 千字
版　　次：2019 年 11 月第 1 版　　　印　次：2019 年 11 月第 1 次印刷
京权图字：01-2018-6344　　　　　　广告经营许可证：京朝工商广字第 8087 号
书　　号：ISBN 978-7-5217-1198-1
定　　价：49.00 元

版权所有·侵权必究
如有印刷、装订问题，本公司负责调换。
服务热线：400-600-8099
投稿邮箱：author@citicpub.com

目录

第1章

两个不同的世界

我们尽管心怀好意，却总是做出糟糕的决定。我们会得罪好友，搞砸约会，使好好的交易泡了汤。
这并非我们的错——人类互动的宇宙太复杂啦！
非凡的决定
艾瑞里

今天是亚当的生日，亚当的妻子伊瑟正给他举办一场生日聚会。

咚咚! 咚咚!

嘿，杰夫，快进来。你是最先到的哟!

40 岁生日快乐!

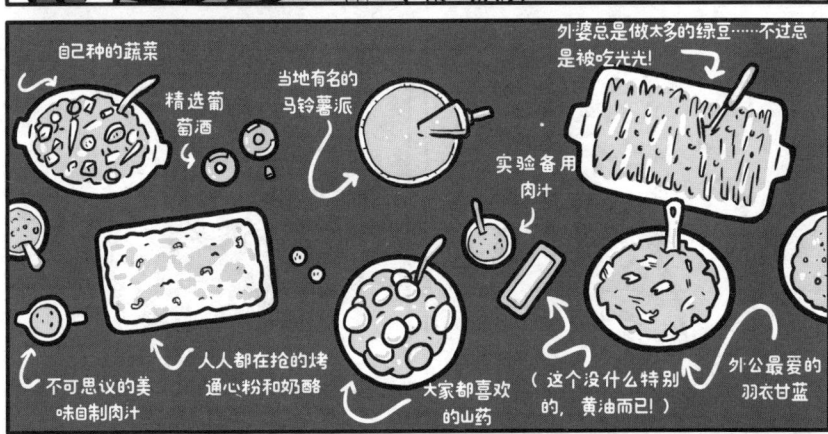

什么时候该社交，什么时候该关注自己的底线，这个我要怎么搞清楚呢？

别着急呀亚当！我是达纳，我给你看些东西，你就会明白……

行为经济学家詹姆斯·海曼和丹·艾瑞里研究了我们对社会规范和市场规范的敏感性。

我们要求参与者在电脑屏幕上进行操作，将一个圆圈拖进盒子。

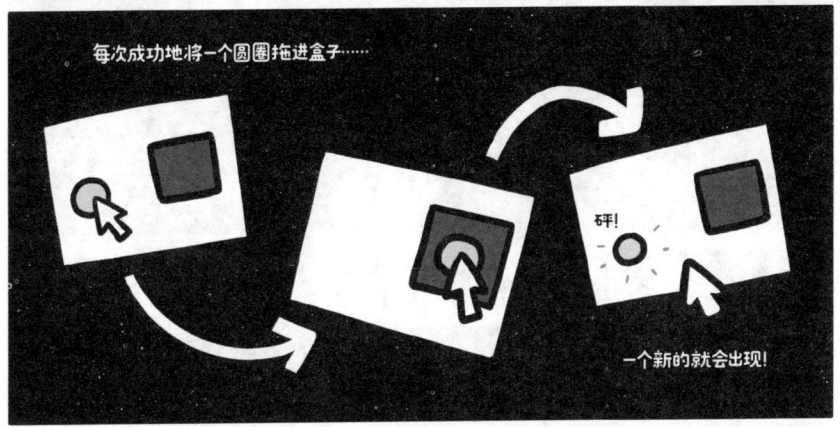

每次成功地将一个圆圈拖进盒子……

砰!

一个新的就会出现!

在三分钟内，尽可能多地将圆圈拖进盒子。时间一到，你就可以走了。

这是一项简单而又非常单调的任务。参与者能拖进多少圆圈，就表示他们愿意为这项任务付出多少努力。

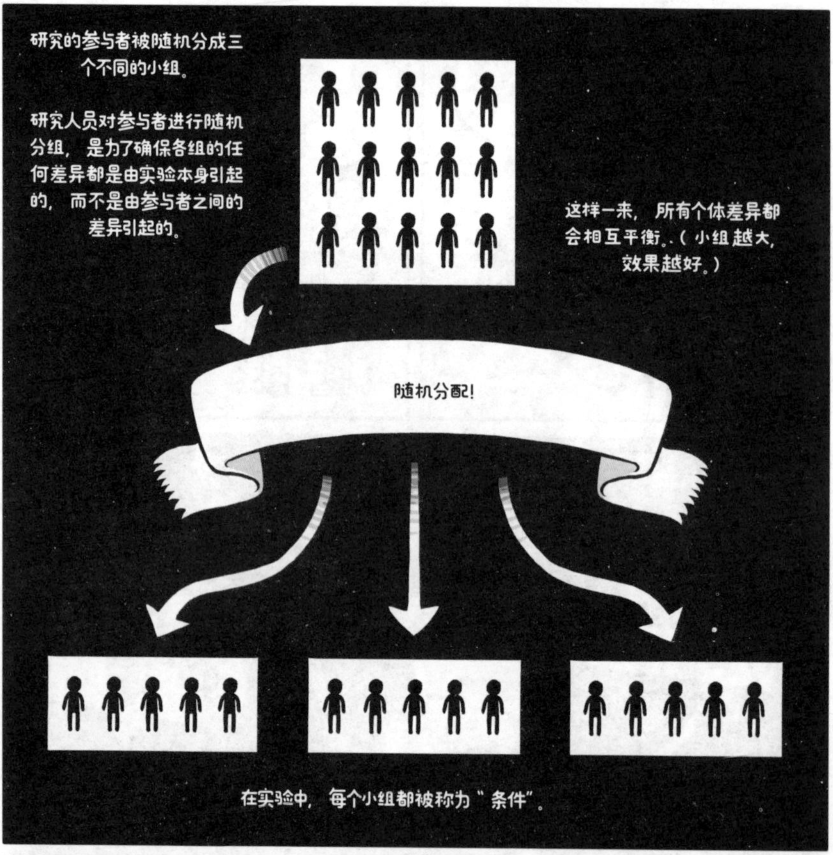

研究的参与者被随机分成三个不同的小组。

研究人员对参与者进行随机分组，是为了确保各组的任何差异都是由实验本身引起的，而不是由参与者之间的差异引起的。

这样一来，所有个体差异都会相互平衡。（小组越大，效果越好。）

随机分配！

在实验中，每个小组都被称为"条件"。

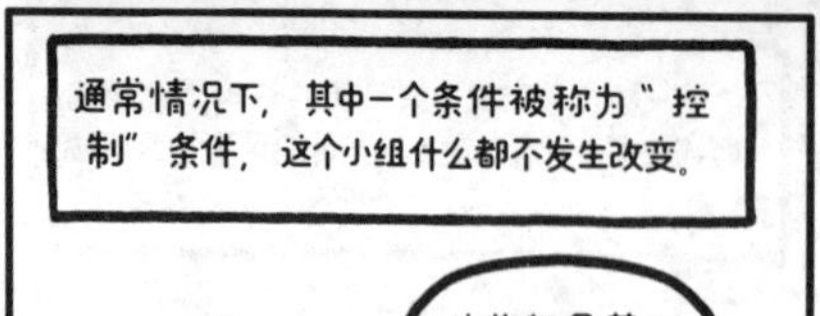

通常情况下，其中一个条件被称为"控制"条件，这个小组什么都不发生改变。

这些都是基本知识！

在这项研究中，条件的不同在于参与者投入的时间相同，但获得的奖励不同。

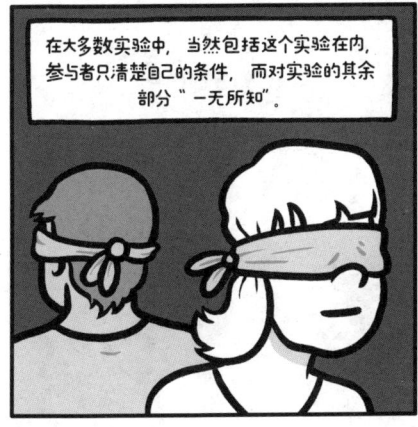

要求参与者完成任务而只字不提报酬的事，显示了社会规范的强大力量：我们会仅仅出于善意而愉快地努力工作。

只要钱一露面，即便只有 10 美分，这个任务也变成了有偿劳动，人们就会相应地调整他们的努力程度。

因此，将市场方法和社会方法混在一起并不能达到累计的效果……

因为市场规范很可能会排挤社会规范。

没错！

你不能简单地将它们相加！

$$1 + 1 = 2$$

社会规范＋市场规范 ≠ 最佳结果！

在市场世界中，你可以轻松地确定与他人的关系，不管他们是在买东西还是在卖东西，或者与你一起朝着共同的目标而努力。

与此同时，我们的社交世界是一个由朋友、家人、恋人和同事组成的复杂网络。

我们的联系不是围绕着金钱建立的，而是围绕着爱、融入社会的需要或者对社会力量的追求而建立的。

但是我要如何将社交世界与市场世界调和呢？万一二者不能和谐共处怎么办？

当金钱和朋友混在一起时，总有一方会容易感到受伤。

嗯

从长远来看，有时候给朋友一些时间，或者请他们吃顿晚餐，要比给他们现金好得多。

要是有人在上次感恩节晚餐搞砸之前告诉我这些该多好哇！

别看我，这不是我的错！人类就是这么不理性。

但有时你也无法避免将金钱带入社交世界，对吧？

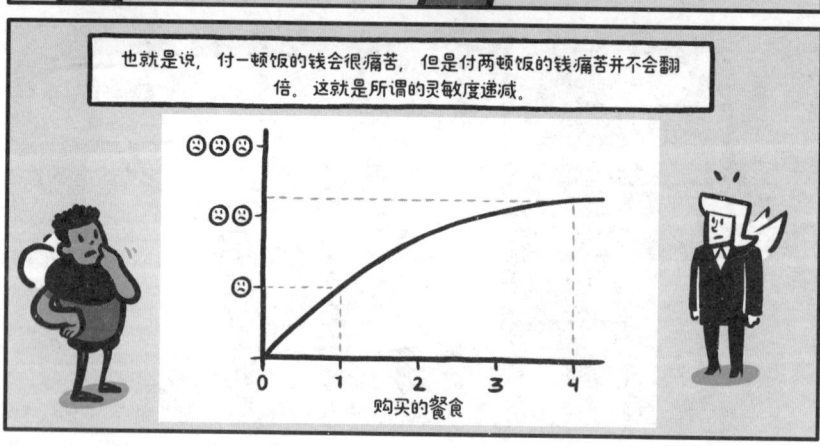

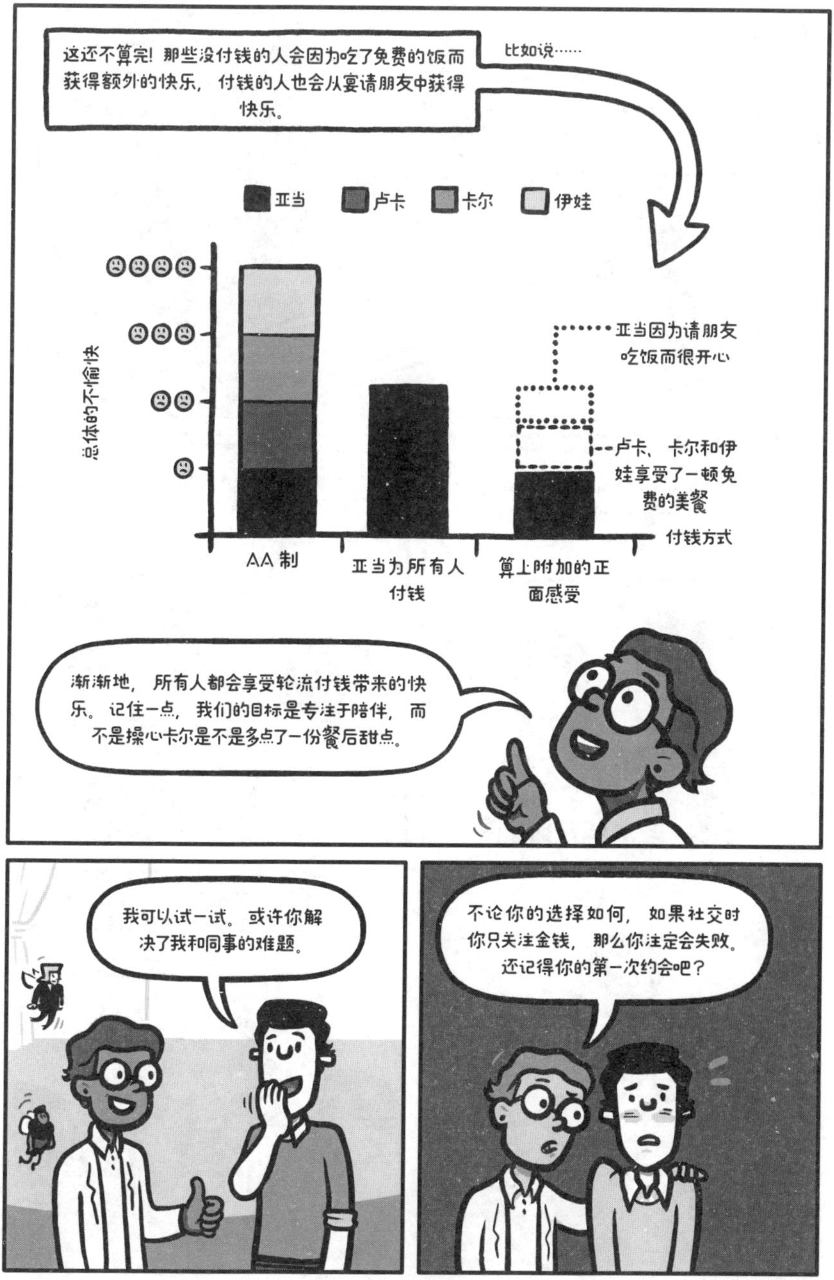

这还不算完！那些没付钱的人会因为吃了免费的饭而获得额外的快乐，付钱的人也会从宴请朋友中获得快乐。

比如说……

■亚当   ■卢卡   ■卡尔   □伊娃

总体的不愉快

亚当因为请朋友吃饭而很开心

卢卡、卡尔和伊娃享受了一顿免费的美餐

付钱方式

AA制 ｜ 亚当为所有人付钱 ｜ 算上附加的正面感受

渐渐地，所有人都会享受轮流付钱带来的快乐。记住一点，我们的目标是专注于陪伴，而不是操心卡尔是不是多点了一份餐后甜点。

我可以试一试。或许你解决了我和同事的难题。

不论你的选择如何，如果社交时你只关注金钱，那么你注定会失败。还记得你的第一次约会吧？

奈塔！阿米特！你们两个不是应该在写作业吗？

我们为什么要写作业啊？

因为我告诉你们——

算了，你们问得有道理。那要怎样才能激励你们呢？

足球班的玛利亚上每节课都有报酬！我们呢，只有每周的零花钱！

我猜孩子们也会受到社会规范和市场规范的影响，对吧？

那是自然！

我无法让他们自觉努力学习，或做家务。

"爸爸银行"的那一套在我这儿行不通。

第3章

给予的礼物

当我们赠送礼物时，社会规范和市场规范之间那种不稳定的平衡非常明显。
在大多数情况下，我们赠送礼物并不是为了转移财富，而是为了深化我们的社会关系。
如果真是这样，那我给我的侄女送什么毕业礼物好呢？我知道，现在的孩子只希望收现金红包……
我收到的生日礼物你是知道的，我可不想让她和我有一样的感觉！
IOU
信用卡
股票趋势
奇怪的食物

虽然礼物赠送是一种交换，但是礼物本身掩盖了交易的进行……

使得大家开始关注它的社会价值。

还记得詹姆斯·海曼和丹·艾瑞里做的拖圆圈实验吗？

回想一下，当被给予现金奖励时，参与者们都会进行调整，得到 4 美元的人会比得到 10 美分的人更加努力，但是，没有任何奖励的人最努力。当然，这多亏了社会规范。

10 美分 → 101 个圆圈；4 美分 → 159 个圆圈；没有报酬 → 168 个圆圈。

研究人员又重复了同样无聊的拖圆圈实验，只是这次参与者的奖励换成了数量不等的糖豆。

5 颗糖豆

0.5 磅① 糖豆

---

① 1 磅 ≈ 0.453 6 千克。 ——编者注

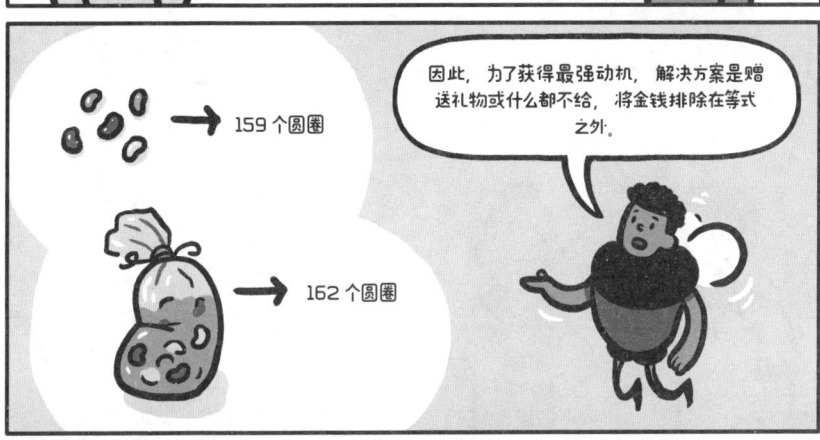

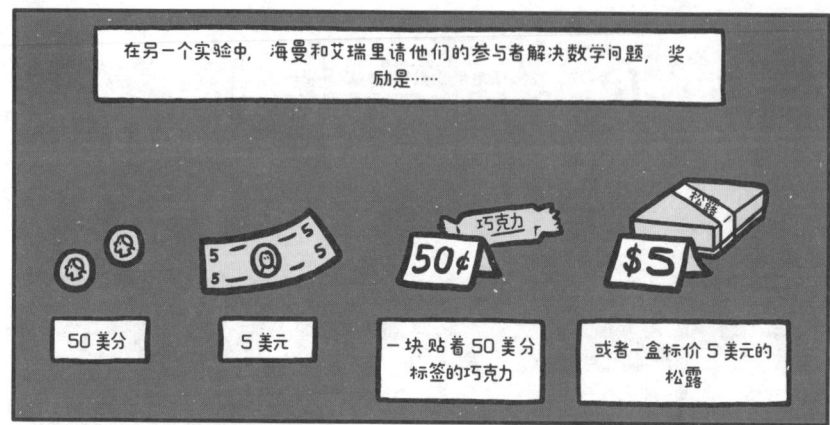

一旦涉及金钱，糖果礼物所蕴含的所有善意都会被挤掉，同时市场规范被启动。

这项研究恰恰演示了你在送礼物时最不希望发生的事情！

没错！成功的礼物生活在社会规范的世界里。

我正在努力跟上你的思路，不过听起来，要想送对礼物还真不简单哪！

回报在哪里？

这个嘛，与市场交换不同，礼物为收授双方提供了多种社会性福利。

大家都喜欢收到真实的、真诚的礼物，这是自然。但话说回来，与一个人花光所有的钱相比，给予他人让我们更加快乐。

例如，2009 年的一项研究发现，同样的钱，花在他人身上比花在自己身上更让人感到快乐。

此外，更加快乐的人往往更有可能在未来给予他人，这是一个良性循环！

感觉更慷慨

感觉更快乐

给予的循环

给予礼物

非金钱礼物

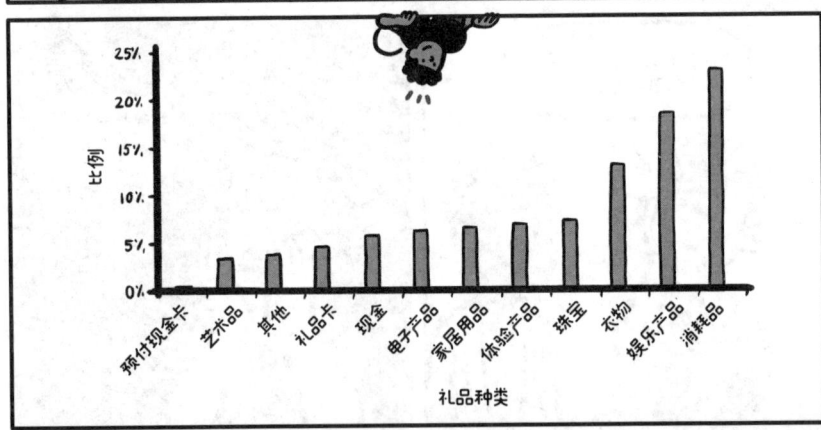

重点是，即使收礼者并不是特别看中你送的礼物，它的存在仍将为你们的社交联系带来持久的好处。

如果我只送消耗品和金钱这种"保险"的礼物，那么我就会错失这种社交推动。"保险"的礼物对强化关系的作用微乎其微。

喔喔喔

没错，金钱礼物甚至可能会造成伤害。

喔喔喔

此话怎讲？

这么说吧，一旦我们把钱代入这个等式，我们就把焦点转移到市场规范上，从而侵蚀了良好社会关系建立的基础——长期的给予与索取这一基石。

管他呢，给钱呗……

069 第 3 章 给予的礼物

第 3 章 给予的礼物

第4章

践行想法

要是人生就像送礼物、与他人建立有意义的关系这么简单就好了!
而实际上我们大部分的时间都用于工作。在处理业务时，如何将我们的社会属性与市场规范结合呢？
0

社会规范不仅有助于提高工作积极性，还可以引导人们遵守规则，远离不良行为。行为准则就是一个极佳范例。

行为准则旨在以最基本的方式劝阻人们不要违反规则，不要不诚实守信。

2008 年，尼娜·马扎、安恩·埃米尔和丹·艾瑞里三位研究者对行为准则的效果进行了测试。

行为准则

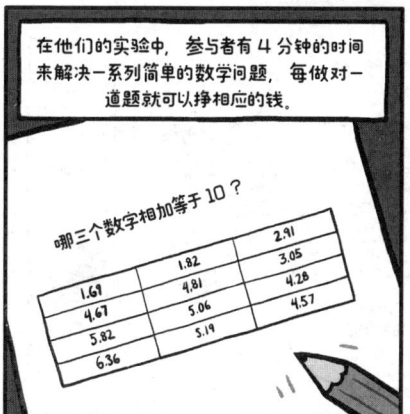

在他们的实验中，参与者有 4 分钟的时间来解决一系列简单的数学问题，每做对一道题就可以挣相应的钱。

哪三个数字相加等于 10 ？

| 2.91 |
1.82	3.05
1.69	4.81	4.28
4.67	5.06	4.57
5.82	5.19
6.36

在控制条件下，实验人员会对参与者的得分进行统计，所以不存在参与者作弊的可能性。

完成！

嗯

另一种条件下的参与者自己统计并报告他们的得分，这意味着他们可以通过虚报分数来多挣钱。

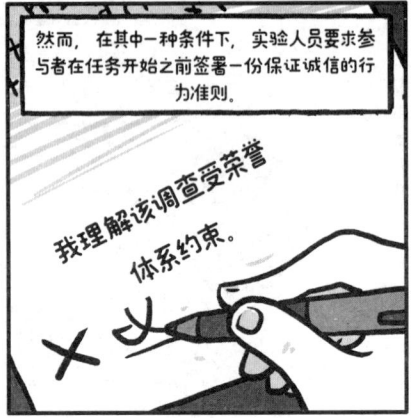

在消费者这一端，企业也正试图利用社会规范来赢得忠实客户。

州立农场就在那儿，它就像一个好邻居！

你每购买一双邦巴斯袜子，我们就为有需要的人捐赠一双。

是爱，造就了斯巴鲁！

他们呼吁消费者将他们当成好朋友，而非强调他们的买卖有多好，产品有多棒。

不过小心点儿，这种策略可能适得其反。一旦消费者觉得自己被他们信任的机构背叛，他们就会放弃……

并且会告诉他们所有的同伴！

看起来是有些复杂，不过我们还是能想出在工作场所玩转社会规范和市场规范的最佳策略。

举个例子：亚当本年度工作勤奋，尽职尽责，他的老板想要奖励他。

啊哈。

深思熟虑之后……

我将你的奖励范围缩小为两个选择。

选择奖励这项研究还有后续（这次是新的参与者）。研究人员要求这些参与者认真思考他们收到奖励之后的感受。其中一组参与者获得了现金奖励，而另一组参与者则获得了非现金奖励。

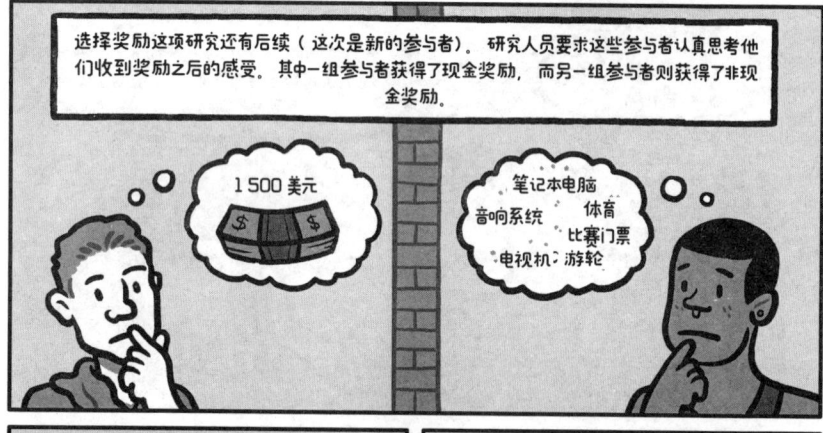

总体而言，与现金奖励条件下的参与者相比，非现金奖励条件下的参与者表示他们的满意度更高，享受奖励的时间也更长。

还有呢！不只是现金的回报会逐渐减少……

与此同时，有研究表明，过高的薪酬也有可能会降低员工在工作中的表现！

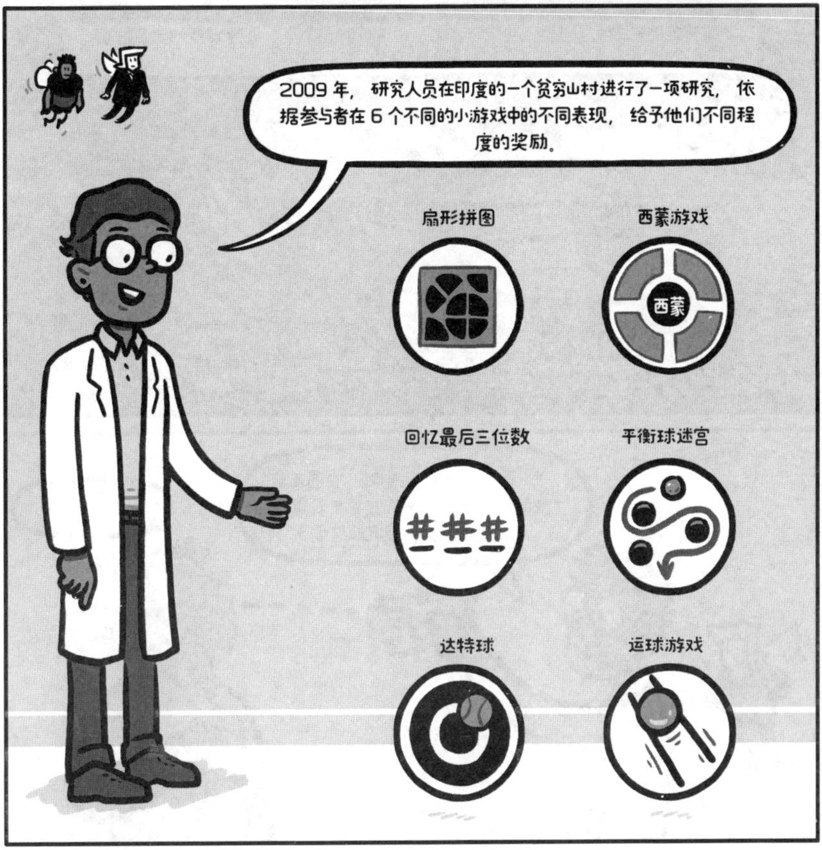

2009 年，研究人员在印度的一个贫穷山村进行了一项研究，依据参与者在 6 个不同的小游戏中的不同表现，给予他们不同程度的奖励。

扇形拼图

西蒙游戏

回忆最后三位数

平衡球迷宫

达特球

运球游戏

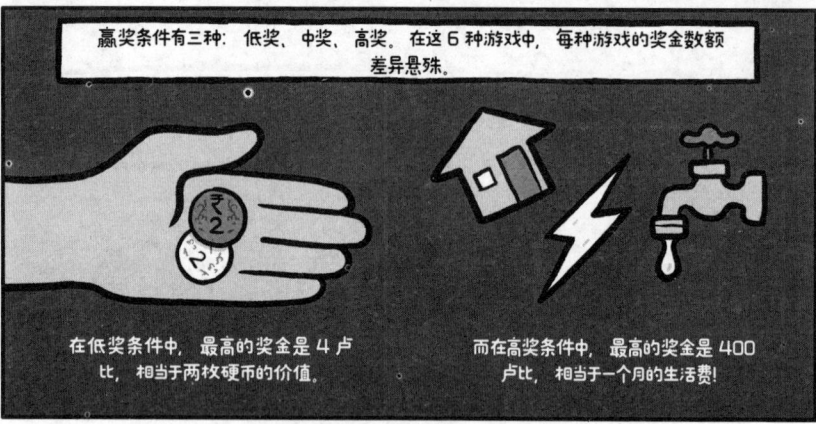

在低奖和中奖条件下，参与者的表现大体上差不多。

而在高奖条件下，参与者们神经高度紧张，玩得更慢，出错也更多。

在某种程度上，金钱的增加反而产生了负面影响！

低　中　高

在实验中，金钱的激励削弱了参与者的动力和表现，那么在现实世界中也是如此吗？

当然了！

呃，证据呢？

固特异轮胎橡胶公司做的一个真实的实验，就是一个例证。

1995 年，固特异公司想要刺激其防湿滑轮胎的销售业绩。

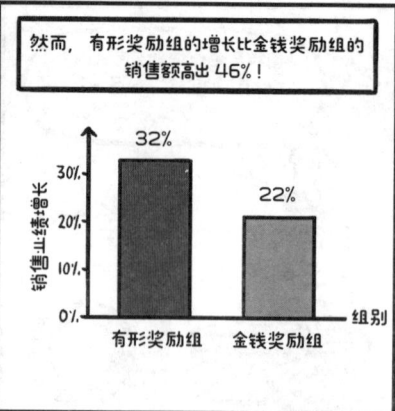

2012 年，塞巴斯蒂安·库比、米歇尔·安德烈·马雷查尔、克莱门斯·普珀三名研究人员在德国的一所大学进行了一项研究，他们招募了一些参与者，以每小时 12 欧元的报酬请他们将数据输入电脑。

啪 啪 啪 啪 啪 啪

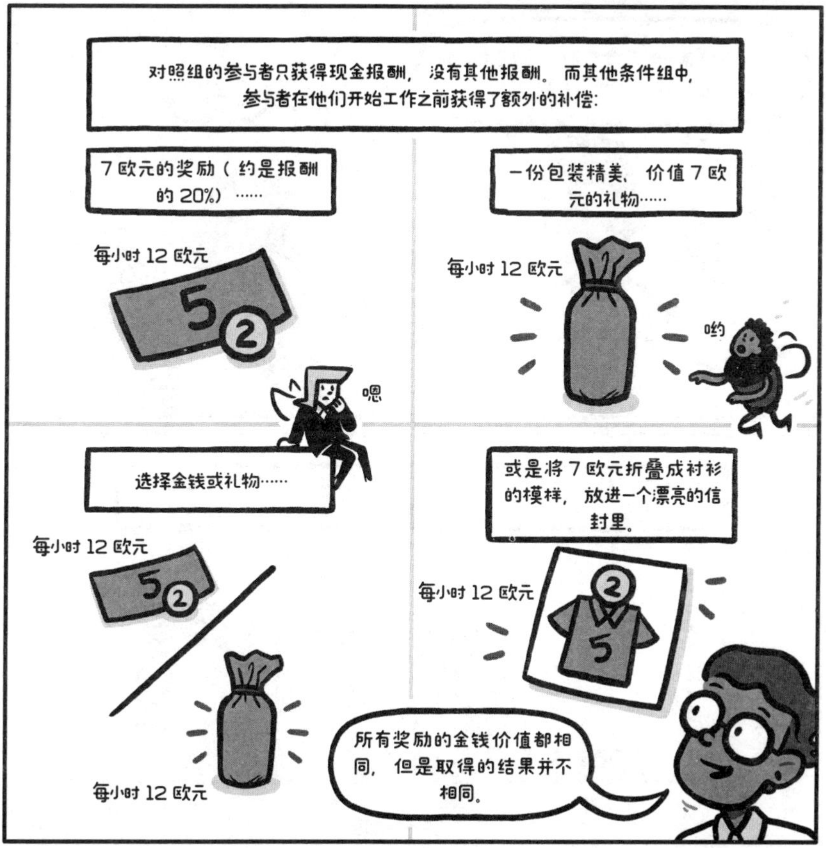

对照组的参与者只获得现金报酬，没有其他报酬。而其他条件组中，参与者在他们开始工作之前获得了额外的补偿：

7 欧元的奖励（约是报酬的 20%）……

每小时 12 欧元

5 2

嗯

一份包装精美，价值 7 欧元的礼物……

每小时 12 欧元

哟

选择金钱或礼物……

每小时 12 欧元

5 2

或是将 7 欧元折叠成衬衫的模样，放进一个漂亮的信封里。

每小时 12 欧元

2 5

每小时 12 欧元

所有奖励的金钱价值都相同，但是取得的结果并不相同。

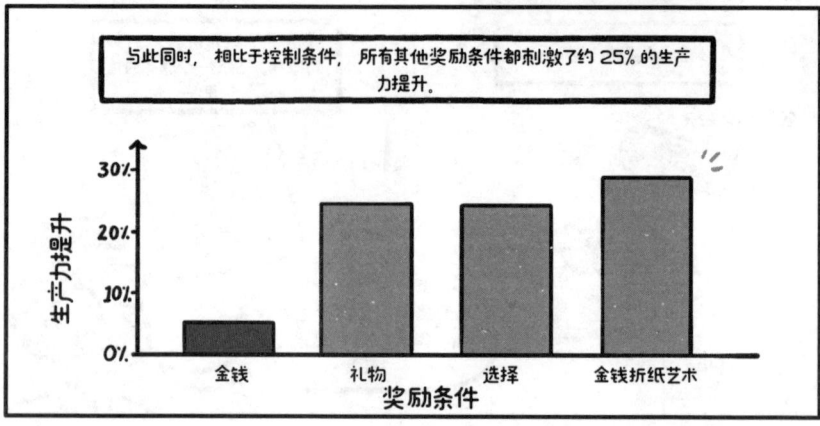

即使是小孩子也是如此。如果他们知道自己做事是为了报酬而非快乐，他们就不会那么努力。

1973 年，马克·勒珀和大卫·格瑞尼开展了一项有关学龄前儿童绘画的研究。

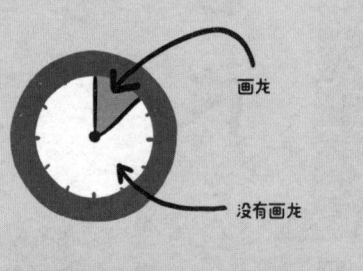

首先，研究人员认真观察孩子们对绘画的兴趣，方法是计算他们将多少自由玩耍时间用于绘画……

画龙

没有画龙

而不是用于其他娱乐活动，比如搭积木或玩橡皮泥。

接下来，孩子们被单独带到不同的房间里玩水彩笔，一个大人在旁边饶有兴趣地看着他们。

哇哦

在其中一组里，每个孩子都得到承诺，在活动结束时会得到一块闪亮的金色奖章。

在另一组里，孩子们没有听到任何关于奖励的事情。但是在活动结束时却意外地得到了同样的奖章。在第三组里，孩子们没有得到任何奖励。

嗯。

测试结束后，志愿者们对所有绘画的质量进行了评分。

呃……

第二个星期，研究人员再次回来测量了孩子们用于绘画的自由玩耍时间。

结果呢？那些期望得到奖励的孩子绘画质量远远低于其他条件的孩子。

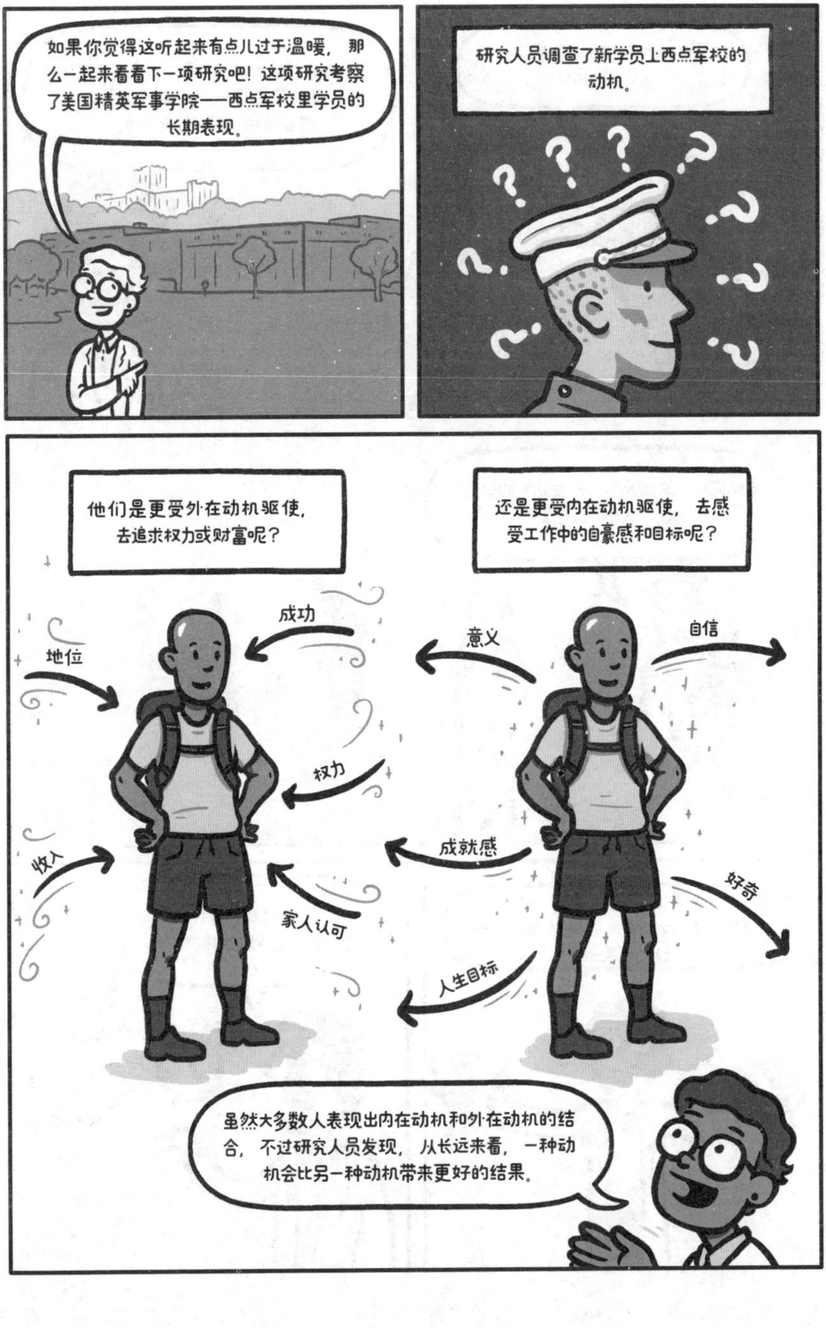

如果你觉得这听起来有点儿过于温暖，那么一起来看看下一项研究吧！这项研究考察了美国精英军事学院——西点军校里学员的长期表现。

研究人员调查了新学员上西点军校的动机。

他们是更受外在动机驱使，去追求权力或财富呢？

还是更受内在动机驱使，去感受工作中的自豪感和目标呢？

成功
地位
权力
收入
家人认可

意义
自信
成就感
好奇
人生目标

虽然大多数人表现出内在动机和外在动机的结合，不过研究人员发现，从长远来看，一种动机会比另一种动机带来更好的结果。

亚当的邻居杰西很以他的大花园为豪。

多年以来，杰西每年都会给亚当一大篮子西红柿。

拿去吧，兄弟！

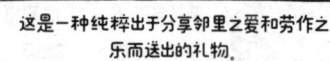

这是一种纯粹出于分享邻里之爱和劳作之乐而送出的礼物。

此前，亚当都会用那些西红柿做一些小礼物来表达自己的感谢之情。

番茄酱 ♥

但是去年，亚当觉得自己有个更好的主意。

说不定他已经吃腻了我做的番茄酱呢！

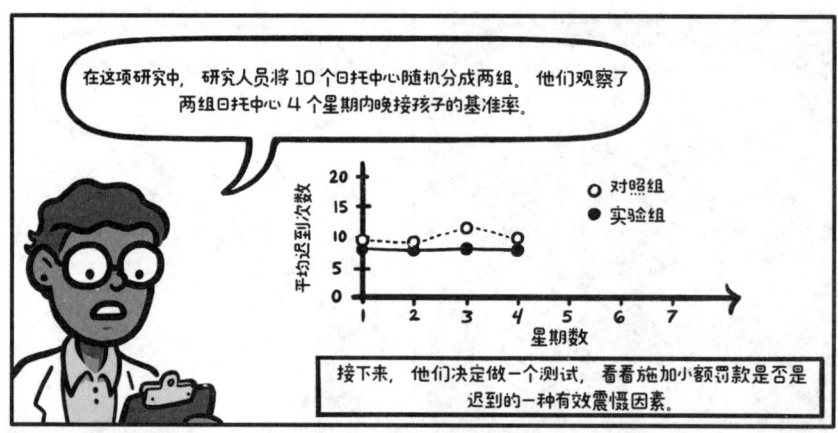

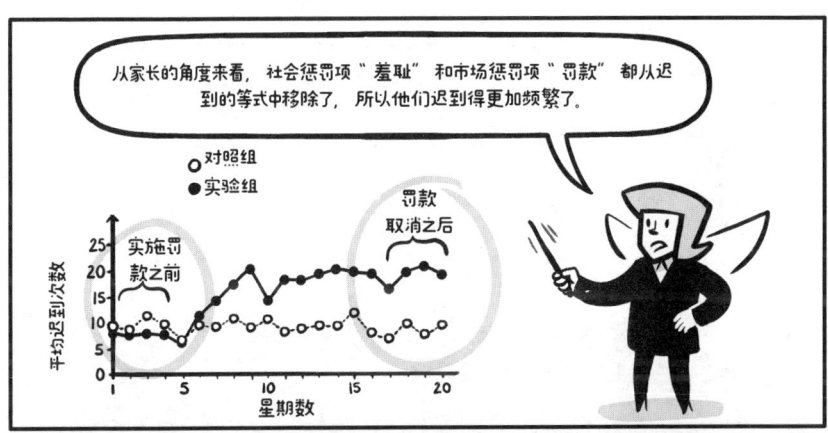

这就表明了一个不幸的事实：当社会规范与市场规范冲突时，市场规范会消失，并且会消失很长一段时间。

汪！

即便只是一次涨价，如果推出的方式错误，也可能改变一段关系的性质。问问奈飞（Netflix）公司就知道了！

NETFLIX

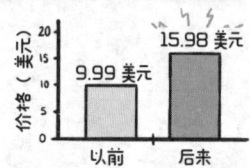

多年以来，客户每月只要支付 9.99 美元，就可以同时使用流媒体服务和租赁服务。但是 2011 年，奈飞公司宣布将这两项服务分开，并且向同时使用两项服务的客户多收 60% 的费用。

价格（美元）

15.98 美元

9.99 美元

以前　　　后来

要想继续播放流媒体电影，用户既要接受涨价，又要创建一个名为 Qwikster 的流媒体服务账户。

那些只使用一项服务的客户并不在意，但是其他人却对突如其来的涨价心怀不满，一想到又要创建一个多余的账户就感到恼火。

啊？

Qwikster
NETFLIX

Qwikster
NETFLI

这种感觉就像对以前忠诚客户的巨大背叛。

一直以来我都这么忠诚，得到的回报却是过河拆桥？

这次提价被认为是不公平的，促使许多以前的忠实客户纷纷放弃。

再见吧!

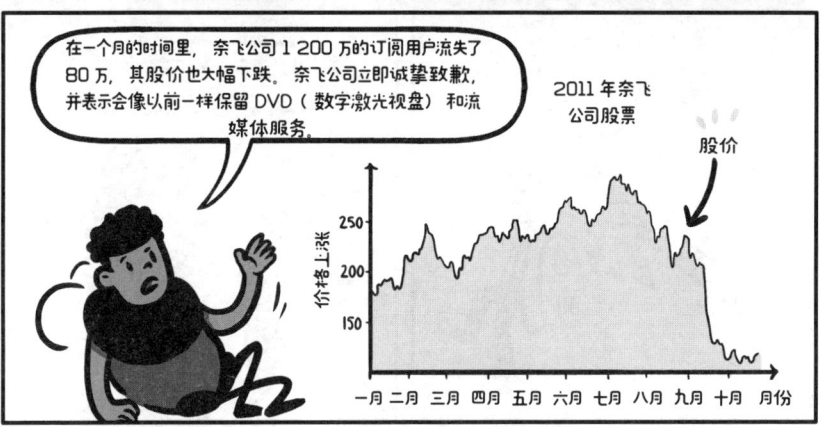

在一个月的时间里，奈飞公司 1 200 万的订阅用户流失了 80 万，其股价也大幅下跌。奈飞公司立即诚挚致歉，并表示会像以前一样保留 DVD（数字激光视盘）和流媒体服务。

2011 年奈飞公司股票

股价

尽管奈飞公司最终从这次失误中恢复了过来，但是这次失误在当时仍是一个严重的打击。

信任和忠诚都是与社会规范相关的利益，其中一个消失了，另一个也会随之消失。

提供匹配的捐赠是否增加了学生对慈善事业的投入？

你如果看一下数字，就知道了……

在匹配条件下，多种捐赠措施在实验学期略有改善。但是在接下来的三个学期里，捐赠反而下降了！

匹配条件下的学生实际上比之前的学期捐赠得更少了，而且更有可能什么都不捐。

与那些拖沓的家长一样，当学生们更加密切地关注金钱之后，他们很可能会表现出不同的行为。他们会觉得没有社会义务再像以前那样捐赠了。

○ 对照组
● 匹配组

平均捐赠（瑞士法郎）

8.6
8.4
8.0
7.6

时间

之前的学期　实验学期　之后的学期

亲社会行为 * 的实践不会立即反弹，它需要时间、信任和努力才能够慢慢重建。

* 亲社会行为被定义为首先使他人受益，比如分享、捐赠或提供帮助。

第 7 章

感受完整

在纯粹的社交互动中，我们往往比较随意，但是在商业和组织内，为了保护自己，我们经常会制定一些规则并签订合同。

我们就是不相信简单的握手和一些信任的话语就足够了。

因此，我们会坚持制定严格的规则和明确的协议。不幸的是，有时这种方法会带给我们很多麻烦。

合同

……比如保姆到来的确切时间……

晚上 7 点

冒险
时间

……哪些电视节目可以让孩子们看，看多久……

……阿米特睡前喝牛奶的量。

1% 低脂
牛奶

保姆照顾孩子过程中的这些方面很容易观察和衡量。

- 晚上 7 点钟到，30 分钟电视时间，只能看 35 频道，
- 一杯 1% 低脂牛奶

但是其他方面要难确定得多。

- 优秀的榜样
- 让他们感觉好奇
- 为所有事做好预案

呃？

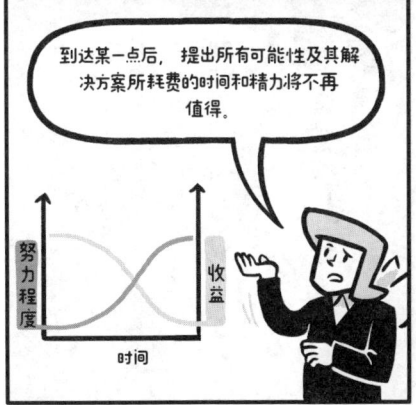

在社交生活中，我们彼此达成非常宽泛的协议。

有很多空白！有很多说法！很多方面都没有被界定。

例如，当你借用邻居的钻头时，你不会觉得你需要明确告诉他你将要用他的钻头钻多少个螺丝孔，也不用和他协商如果你把钻头弄坏了需要赔多少钱。

这就是睦邻友好！

我想我们都这样假设：如果出现任何问题，我们都可以协商解决！

婚姻证明了不完整合同的关键组成部分……

双方都承诺在遇到阻碍时设法照顾对方并制订解决方案。

如果一个人在事故中受了重伤并需要帮助，另一个人不太可能说"这不是我们协议中的条款"，然后转身离开。

相反，在理想情况下，尽管存在这种无法预料的障碍，你们都会找到一种方式来继续你们的爱情关系，就像你们过去经历过的很多次一样。

在任何给定的时间点，不完整的合同都会存在一定程度的不平等……

但每个人都会关注长期成功的目标。

但是我们这样说吧，经过跋山涉水的努力，我们顶多能实现 80% 的完整性……

因为预测所有可能的未来是一项不可能完成的任务。

完整性

时间

那么多的付出值得吗？如果达到 50% 的完整性就停止呢？通过接受任何协议的不完整性，我们可以更加专注于社会契约，并在必要时弥合差距。

该公司打算提高效率……但是代价是什么呢？

在讨价还价时，我认为自己是专业人士。

我会尽我所能在我们需要的每个部件上获得最好的交易，即使这意味着要做出一些极端的尝试。

该公司最终与其零部件供应商组织了一场竞价拍卖，以获得每个特定组件的最低价格。

好了，谁可以给我 129 个 Whatsit 发电机的最优惠价格？

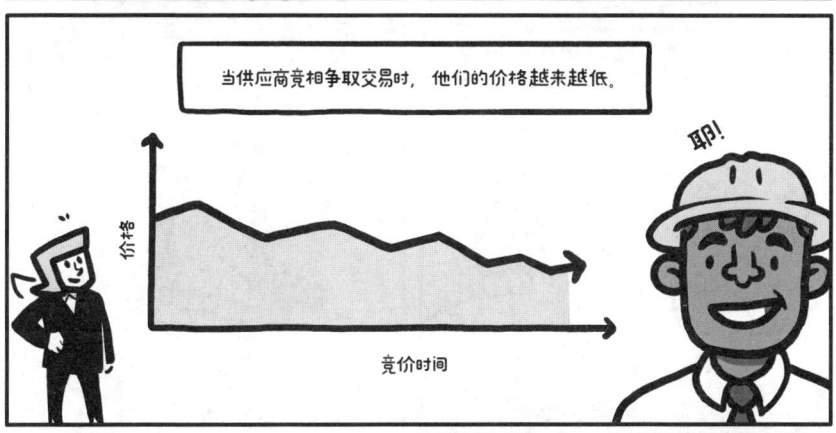

当供应商竞相争取交易时，他们的价格越来越低。

价格

竞价时间

耶！

整个过程的最后，该公司确实通过极力压榨各供应商，获得了每个特定部件的最优惠价格。

250

219

110

3110

成交？

但是……

后来，当该公司发现除了经过仔细协商的订单，还需要一些零件时，麻烦就出现了。

我简直不敢相信我竟然没有订购足够的小部件电机或触发器驱动程序！

我能用我们讨论过的折扣再买100个吗？

那些零件供应商看到了赚钱的机会，于是趁机为每一个额外的零部件狮子大开口，要高价。

呃……实际上价格会有上涨哟，沃尔特。

而不是给该汽车公司提供他们最初协议中约定的同样低的价格。

呃？

这对我来说也太煽情了……

法律的精神可能听起来很主观，但是即便在那些我们认为老生常谈的情况下，它也具有强大的作用。

2014 年，由斯蒂芬·M. 加西亚领衔的一项研究调查了法律精神和法律条文在判断什么是合法的以及何时应该执行方面所发挥的作用。

信息

动机

情感

偏见

背景

规范

你不能那样做！

研究人员为参与者随机分配了两个条件，两组人都被要求想象一个场景，即在有以下法律规定的停车场停车：

法律：

如果你驾驶的车有残障牌照，你就可以在残疾人停车位停车。该法律的目的是为残疾人提供无障碍停车位。

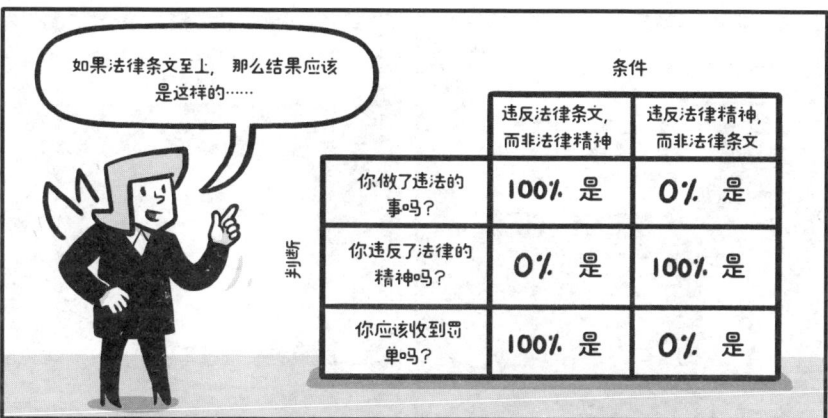

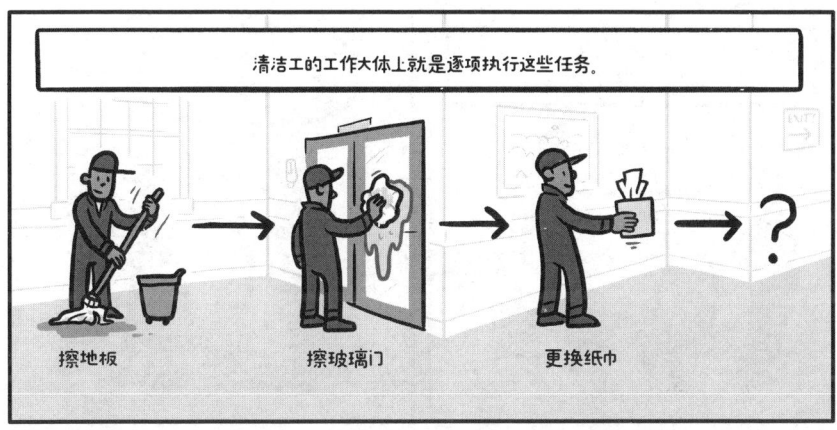

清洁工的工作大体上就是逐项执行这些任务。

擦地板　　　　　　　　擦玻璃门　　　　　　　更换纸巾

然而，医院的环境难以预测，在医院工作的优秀清洁工应始终将医院的中心目标牢记心中：保持人们的健康、安全和舒适。

例如，如果一个病人很痛苦，清洁工是不是应该帮他叫护士？

又或者，一名访客要找她生病的家人的病房，清洁工要不要帮她呢？

100-175 →

在这类情况下，只要有一点儿常识，都该知道采取适当的行动。

让我来帮你叫护士吧！

穿过双层门，然后向右转！

100-175 →

然而，如果医院创建了一个逐条分明的合同，那其实是为清洁工在"我的工作"和"非我的工作"之间划清了界限。

我的工作	非我的工作
擦地板	其他的一切！
擦玻璃门	（例如……）
换卫生纸	帮助迷路的访客
擦柜台	询问痛苦的病人需不需要帮助
倒垃圾	对哭泣的孩子微笑
补充纸巾盒	当有人赶电梯时帮忙扶一下电梯门

如果清洁工只遵守合同条款，那他在去更换卫生间洗手液的路上如果遇到痛苦的访客，他就很容易坐视不管。

洗手液又不会自己更换！

第 8 章

大事要事

例如，环境的可持续发展是一个日益紧迫的问题。我们即将耗尽我们的自然资源！

在全世界最大的 37 个含水层中，有 21 个正在萎缩，这意味着我们的淡水供应每天都在减少。

此外，在美国，空气污染导致 20 万人过早死亡，但我们仍未能做出选择来保护我们的水资源和空气。

我们要怎么改变自己的习惯，开始节约资源呢？

可以花钱让人们减少污染啊！

或者提高能源价格？

垃圾太多要收费？

但是处罚太低不会改变任何人的行为，而惩罚太高又会让穷人遭受不成比例的痛苦。

最常用的策略可能是收费、制定规则或经济刺激，但是大量研究表明，利用社会动机可以取得更好的效果。

酒店一直在试图限制资源的使用，这样就可以在削减成本的同时降低对环境的影响。

减少水的使用

关掉电灯

减少空调的使用

研究调查了不同的方法，通过让客人做一件小事来减少资源使用，比如将毛巾挂起来而不是扔在地板上，以便进行清洗和更换。

2008 年的一项研究利用门挂牌请酒店客人挂起自己的毛巾。

一些客人得到了关于环境可持续性的信息。

帮忙拯救环境吧！

你可以在入住期间重复使用毛巾，以表达对大自然的尊重，同时帮助拯救环境。

其他人得到了类似的信息，这条信息还附加了一句话，告诉人们大多数客人都选择挂起了毛巾。

与其他客人一起帮忙拯救环境吧！75% 的客人通过重复使用毛巾参加了我们的资源节约计划。

您可以和同店客人一起，在你入住期间重复使用毛巾，为保护环境尽一份力。

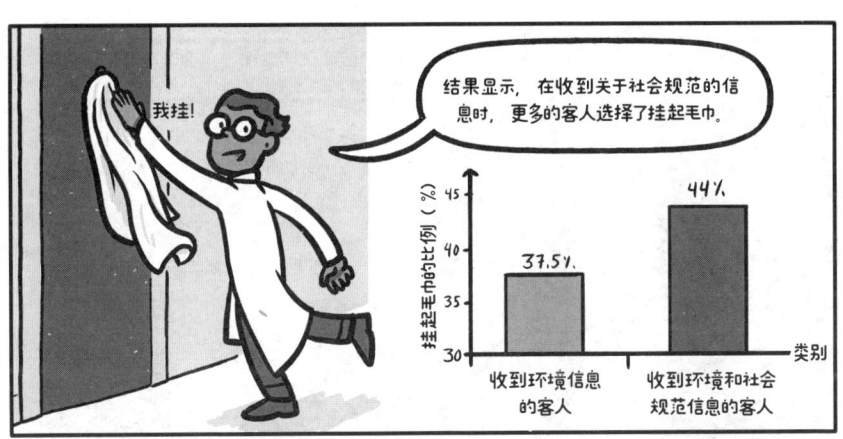

2012 年，另一个团队进行了一项实地研究。他们给酒店客人一枚别针，并要求他们签署一张承诺卡，承诺会挂起毛巾，减少能源使用。

地球之友

承诺卡
无论是在家还是在外旅行，我都关心环境。
作为地球的朋友，我将尽我所能在我入住期间践行环保行为。
☑同意　☐不同意
X

这些措施单独实施时并没有起到多大作用。那些只收到一枚别针或者只签署了一张承诺卡的客人，只有 60% 挂起了毛巾，和没有得到任何东西的客人差不多。

但是当客人做出了具体承诺，并收到一枚别针时，73% 的客人选择挂起了毛巾！

地球之友

这就证明将赠送礼物的互惠和记住其社会承诺的推行结合起来，是非常有效的！

利用社会工具解决问题的方法是多种多样的，可以自由组合使用，当然前提是不要混合社会规范和市场规范！

搅拌
搅拌
搅拌

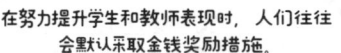

在努力提升学生和教师表现时，人们往往会默认采取金钱奖励措施。

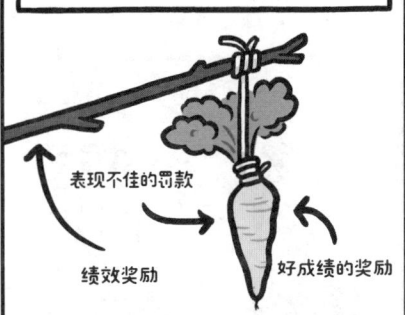

表现不佳的罚款

绩效奖励　　　好成绩的奖励

虽然金钱似乎是一种改变行为的诱人方法，但是研究并不一定支持金钱奖励可以真正带来改变的观点。

例如，研究人员曾在纽约、达拉斯和芝加哥的 200 多所公立学校进行过实地实验，发现金钱激励的影响在统计上为零。

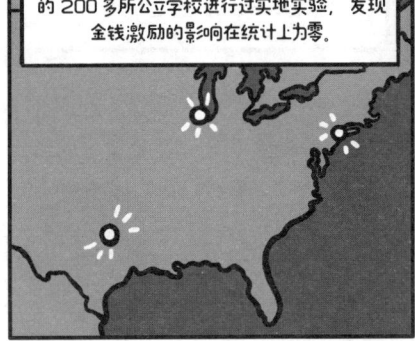

在这些研究中，研究人员激励不同年级的儿童阅读书籍，期中考试表现良好，或者获得好成绩。

战争与和平

成绩报告单

大考

奖励非常慷慨，每位学生最多可以获得 80~2 000 美元的奖励。即便如此，学生表现出来的改善也非常有限，甚至完全没有变化。

嗯

嘟——

如果你需要另一个例证，可以看看 2001 年的《不让一个孩子掉队》法案。

该政策试图通过激励学校在标准化测试中取得好成绩来改善教育成果。

虽然一些学校可能确实看到了测试结果的大幅提升，但是研究表明，该政策对学生生活的长期影响总体而言是负面的。

但是为什么会这样呢？

首先，《不让一个孩子掉队》法案用钱来激励错误的行为：标准化的测试结果，而不是更有意义的学习和支持。

测试结果

- 热情
- 好奇心
- 毕业
- 出勤
- 社会支持
- 上大学
- 课外活动

其次，激励制度实际上破坏了教师以及学生想要学习和表现良好的内在动机。

对于有意义的持久变革，最好从深层次问题入手，而非采取金钱刺激这个捷径。

即使是鼓励家庭参与这一小小的调整，也会非常有效。

归结为一点，就是让每个人都感觉在个人层面上得到了投入和支持，无论是学生、家长、老师，还是管理人员。

关于工作社会动机方面的所有规则同样适用于教师，但是教学是一项特别困难的工作。

大多数教师是因为热爱（或者至少是喜欢）分享知识才走上教师岗位的，他们的主要动机来自内部。

我开始这份工作是因为我想让世界变得更美好。

通过利用社会规范，我们可以点燃这种温暖的内在动机。

强调社会相似性

同伴辅导

培养社区观念

鼓励学习的内在动机

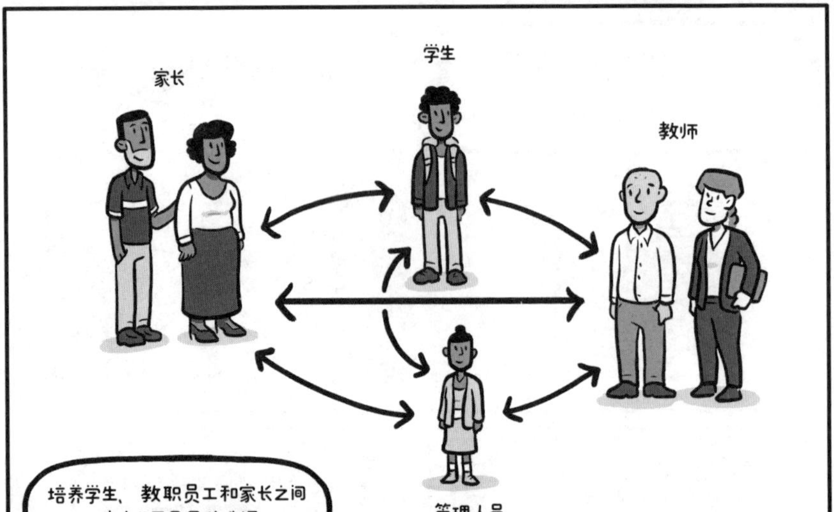

社会规范对于这些巨大挑战相当重要，另一个原因是，对未来的投资只有在每个人都尽力而为时才有效。

在市场思维中，动机的投入少之又少。

它对我有什么用？

我能否从中获得足够的价值？

这是公民参与领域的一个真正障碍。

呃

尽管司法系统在没有陪审团的情况下无法运行，还是有一些法院报告说未能按时出庭的比例高达 50%。

如果大家都不发挥自己的作用，社会就会崩溃。一个简单的例子就是参与陪审、投票和地方政府。

陪审员的报酬通常达不到最低工资标准。

能不能以更高的报酬吸引人们做出自己的贡献呢？

付给：你　　今天

$：零花钱　　$

支付：一天的工作

这些调查结果在法庭之外同样具有重要意义——出席陪审义务的人更有可能参加其他公民参与活动……

包括投票！

想想看，据报道，在 2016 年的美国总统选举中，符合投票年龄的公民只有 61.4% 参与了投票。

哎呀！

虽然有些人没投票是因为系统故障，但是其他许多人不投票，是因为他们认为他们的一票无关紧要。

那要如何让人们重视起来呢？

投票是一种社会体验……

所以社会规范也可以帮助我们！

请记住，如果人们相信其他人都在这样做，他们就更有可能参与。

这可以成为让人们参与投票的有力工具！

投票！

一项针对新泽西州潜在选民的电话实地研究证明了这一点。

研究人员向选民提供了一个信息，报告他们州参加投票或未参加投票的选民统计数据。

高投票率

在上次选举中，超过 350 万的新泽西州公民参加了投票，是有史以来人数最多的一次。许多人希望这一趋势在即将到来的选举中能够继续保持……

低投票率

选民投票率创 30 多年以来新低。那次选举的投票率比之前的州长选举投票率整整下降了 7%。

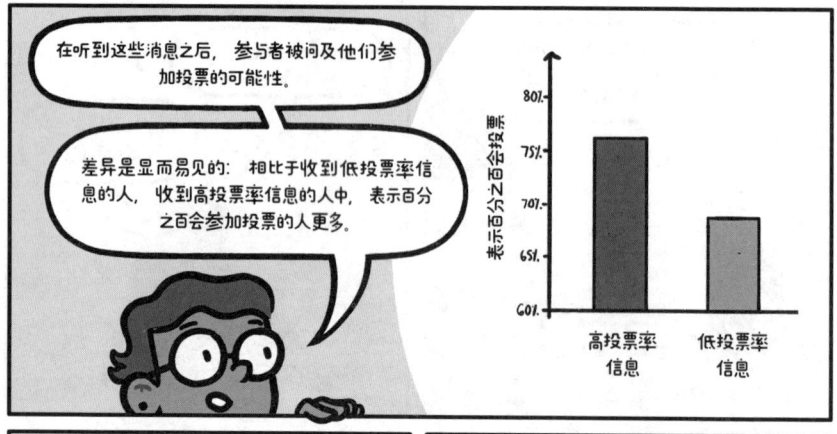

在听到这些消息之后，参与者被问及他们参加投票的可能性。

差异是显而易见的：相比于收到低投票率信息的人，收到高投票率信息的人中，表示百分之百会参加投票的人更多。

局部实验是一回事，不过我有点儿怀疑你能否使社会规范在更大范围内发挥作用。

很简单！借助人们生活中已经存在的社会关系就好啦！

没错，他说的是脸书！

让我跟你说说一项涉及 6 100 万脸书用户的研究。

6 100 万!

在 2010 年美国国会选举当天，研究人员测试了强调投票是一种社会体验的影响。

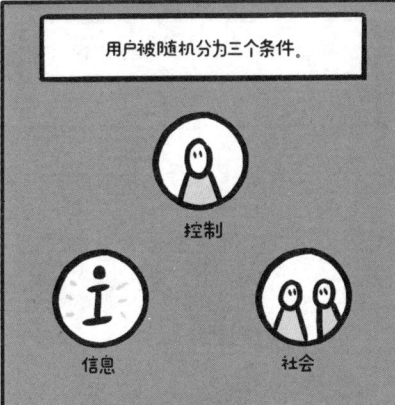

用户被随机分为三个条件。

控制

信息

社会

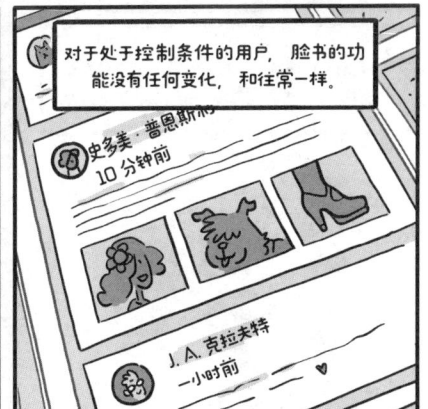

对于处于控制条件的用户，脸书的功能没有任何变化，和往常一样。

史多美·普恩斯彩
10 分钟前

J. A. 克拉夫特
一小时前

处于信息条件的用户在其脸书提要的顶部看到了这个帖子：

今天是选举日！

 投票，找到你的投票点，然后点击"我已投票"，并告诉你的朋友。 `01155376` 脸书用户已经投票！

我已投票！

处于社会条件的用户脸书页面几乎是一样的，只不过又加上了 6 个据称已投票用户的照片。

今天是选举日！

 投票，找到你的投票点，然后点击"我已投票"，并告诉你的朋友。 `01155376` 脸书用户已经投票！

我已投票！

 丽萨、杰克和其他 18 个朋友都已投票

结果显示，那些处于社会条件的用户比处于信息条件的用户点击"我已投票"的可能性多 2.08%。

通过检查选民数据，研究人员可以看到哪些用户实际上真的投票了。

然后呢？

信息性的消息对实际的选民投票率其实没有影响，表明信息本身并不足以改变行为。

翻翻

然而，收到社会信息的用户与处于控制条件的用户相比，出面投票的可能性高出了 0.39%。

我做到了！

虽然这个数字看起来很小，但是后退一步，你还是可以看出，仅仅是这一个微小的调整，就改变了许多潜在选民的行为。

研究人员估计，该实验直接产生了 6 万张选票，并且通过观看该活动的朋友的朋友，又额外产生了 28 万张选票。

那可是 34 万张额外的选票！所有这些都源自脸书上强调投票社会规范的一条信息！

这简直不可思议！没想到这些关于规范的措施大规模实施起来也这么容易！

我就知道你会想明白的。

对于巨大的挑战，通常最好先想清楚哪些规范更有可能带来预期的结果。

从整体上看，我们往往倾向于求助市场世界来改善结果，这就是为什么我们需要停下来问问自己，什么时候社会规范会更合适、更有效。

经济激励措施可以针对有限的、具体的变化。

大学公园

此处乱扔垃圾会被罚款 200 美元！

但是，利用社会规范工具往往更有利于改变习惯和内在动机。

城市公园

在这个城市，我们以自己的空间为荣。和我们一起收拾垃圾，保持公园清洁吧！

现在我明白了! 无论我们谈论的是我的生日礼物还是更多全球性挑战, 同样的规则都适用!

不能满足于此! 继续思考。

慈善捐款、税收、器官捐赠……只要将正确的规范和正确的目标进行匹配, 我们都可以受益。

器官捐赠

你向我展示了我们生活的两个世界：市场规范的世界和社会规范的世界。

一种由自我利益和成本效益分析组成……

一种由我们的社会互动和关系组成。

我一再发现，社交世界和市场世界往往不能很好地融合。

感恩节

第一次约会

西红柿事件

我现在明白了，如果和市场规范保持距离，我的社交世界将会变得更美好！

并不是说市场世界有什么问题，它只是不适合我的社会交往……反之亦然。

哼

选择是强调社会规范还是市场规范也会影响每个涉及者的心态。

很好啊，亚当! 现在让我看看你的聚会吧!

很荣幸!

去年，当我的客人们送给我善意但是毫无用处的礼物时，我很沮丧。

嘿!

那次之后，他曾想过向每个人收取一定的生日费，完全取消礼物这个概念。

什么?

但是我很快便意识到那是个错误。

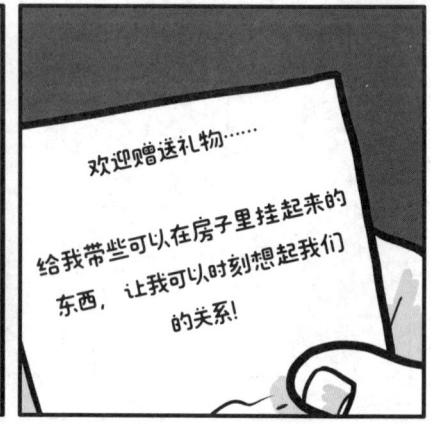

我可不是傻瓜！我知道市场规范有它自己的位置……

击掌！

不仅仅是这个聚会！

哪种情况会从金钱头脑中受益，哪种情况会从社交头脑中受益，我想我已经越来越清楚了。

$ $ $

即使从更广泛的角度来看，我也可以看到，这些规范有时会以无益的方式混在一起。

上至全球政策……人们很容易认为规则、费用和金钱激励会解决我们的问题。

确实！

而往往会忽略的是，那些渴望融入、渴望连接、渴望与同龄人相比的人，他们的渴望也可以用来推动改变。

致 谢

感谢杜克大学高级后见之明中心的实验室成员，没有你们的支持，本书不可能出版。你们的洞见、幽默和耐心弥补了所有的缺陷。谢谢你们加入我们这场盛大的实验。

我们还要感谢所有帮助这个项目最终取得成功的人，特别感谢吉姆·莱文、阿曼达·穆恩、莱德·加拉赫和本杰明·罗森斯托克。